Blöde WITZE Dumme SPRÜCHE

arsEdition

Schon wieder Montag ...
zum Glück der einzige
in dieser Woche.

Weg mit dem Pony –
freie Sicht auf die Pickel!

Wer am schnellsten läuft,
ist als Erster außer Puste.

Hab Sonne im Herzen
und Pizza im Bauch,
dann bist du glücklich
und satt bist du auch.

Nicht jeder,
der sich für super hält,
ist ein

Superheld.

Lieber 4 Stunden Schule
als überhaupt keinen Schlaf.

Lehrer haben einfach
keine Ahnung!
Dauernd fragen sie
einen was.

Alle schlafen, einer
spricht. So was nennt
man Unterricht.

Weg mit den Lehrern –
freie Sicht auf die Tafel!

Lehrer haben eigentlich nur 2 Fehler: alles, was sie sagen, und alles, was sie tun.

Je bescheuerter, desto Lehrer.

Es gibt viel zu tun, lassen wir es liegen.

Lehrer sind Menschen, die uns helfen, Probleme zu beseitigen, die wir ohne sie gar nicht hätten.

It's öde to stay blöde.

Dumm geboren, nichts dazugelernt und die Hälfte auch noch vergessen.

Gut geraten, ist halb gewusst.

Eigentlich weiß ich alles. Es stimmt nur nie.

Name: Thomas
Klasse: 6b
Datum: 21.10.
5
Reden ist silber.
Schweigen ist 5.

Was hältst du als Außenstehender eigentlich von Intelligenz?

Du hast keine Schmerzen, oder?
Nee.
Ah, dachte ich mir.
Wieso?
No brain, no pain!

Du bist echt zu allem fähig!
Sonst aber zu nichts.

Entschuldigen Sie die Verspätung. Bin an meinem Honigbrot kleben geblieben.

Ich bin nicht zu spät. Sie sind zu früh!

Ich singe nicht falsch! Das ist mein persönlicher Remix.

Entschuldige bitte, dass ich zu spät bin. Im Aufzug stand „Nur für 4 Personen". Aber es kam und kam keiner.

Ich bin nicht

faul,

ich bin im

Energiesparmodus.

Am faulsten ist der,
der nicht mal zum
Nichtstun Lust hat.

Fleiß kann man vortäuschen.
Faul muss man sein!

Wer Ordnung hält,
ist nur zu faul zum Suchen.

Faulheit ist,
sich auszuruhen, bevor man
müde wird.

Rausgehen ist wie Fenster aufmachen – nur krasser!

Sag mal, kennst du eigentlich diesen Einbahn, nach dem so viele Straßen benannt sind?

Irre sind menschlich.

Zimmerlautstärke ist, wenn ich die Musik in allen Zimmern der Wohnung gut hören kann.

Abenddämmerung ist, wenn Schülern abends dämmert, welche Hausaufgaben sie hätten erledigen müssen.

Elternsprechtag – Schülerbrechtag!

Morgengrauen ist das, was Schüler befällt, wenn sie aufstehen und zur Schule müssen.

Wenn ich dazu gemacht wäre, morgens munter aus dem Bett zu springen, würde ich im Toaster übernachten.

Morgenstund ist ungesund.

Mein Klassenkamerad fährt jeden Morgen eine Stunde zur Schule. So lange brauche ich vom Bett ins Bad!

Was ich nicht weiß, muss ich abschreiben.

Lehrer am Morgen bringt Kummer und Sorgen.

Schule ist Lernen.
Lernen ist Zeit.
Zeit ist Luxus.
Luxus kann sich ein Schüler nicht leisten.

Der frühe Vogel fängt den Wurm.
Und wer später aufsteht,
bekommt was Anständiges zu essen.

Der frühe Vogel fängt den Wurm.
Was lernen wir daraus?
Der Wurm wäre wohl besser
etwas später aufgestanden.

Ich hab den frühen
Vogel abgeschossen.
Es war Notwehr!

Früh aufstehen ist der erste
Schritt in die falsche Richtung.

Früher war alles besser.
Gestern zum Beispiel lag ich um
diese Zeit noch im Bett
und hab geschlafen.

Kommt ein Zombie nachts vorbei,
gibt es im Bett eine Klopperei.

Wenn dir alle entgegenkommen, bist du auf der falschen Seite.

Spinat schmeckt am besten, wenn man ihn kurz vor dem Servieren durch Pommes ersetzt.

Je höher der Sprungturm, desto platsch.

Die meisten Computerprobleme befinden sich zwischen Schreibtischstuhl und Tastatur.

Faulheit ist nichts weiter als überwundener Fleiß.

Lieber spät und richtig als nie und falsch.

Ich bin total inkonsequent. Und manchmal nicht mal das.

Nur tote Fische schwimmen mit dem Strom.

Ob Sonne oder Regen, wir sind dagegen.

Viele Leute schwimmen mit dem Strom, andere schwimmen gegen den Strom. Und was machst du? Du stehst im Wald rum und findest nicht mal den blöden Fluss!

Das Leben wäre viel einfacher, wenn es nicht so schwer wäre.

Lieber arm dran als Arm ab.

Wer beim Schwimmen ins
Schwimmen kommt,
geht beim Baden baden.

Wo eine Villa ist,
ist auch ein Weg.

Ich bin klein,
mein Herz ist rein.
Bin ich erst groß,
geht's richtig los.

Auch Pfadfinder können
Pfadfinden fad finden.

Pünktlichkeit ist aller Laster Anfang.

Immer wenn ich mein Zimmer aufräume, fällt mir auf, dass ich eigentlich eher der Typ für Personal bin.

Einbildung ist die beste Bildung.

Die Stoßstange ist aller Laster Anfang.

Wir leben alle unter dem gleichen

Sternenhimmel,

haben aber nicht alle den
gleichen Horizont.

Jeder Mensch hat
das Recht auf meine
eigene Meinung.

Meine Meinung steht fest.
Bitte verwirr mich jetzt nicht
mit Tatsachen.

Da bin ich genau
meiner Meinung!

In jedem Streit gibt
es zwei Meinungen:
meine und die falsche.

Ich hasse diesen unangenehmen Moment zwischen Aufstehen und Schulschluss.

Lächeln ist die beste Art, seinem Lehrer die Zähne zu zeigen.

Arbeit ist so faszinierend – ich könnte stundenlang zuschauen.

Lieber Gott, gib mir meinen täglichen Einfall und vergib mir den von gestern.

Gott sieht alles, hört alles und weiß alles. Lehrer sehen nichts, hören nichts, aber wissen alles besser.

Gott schweigt. Jetzt müssen wir nur noch unsere Lehrer dazu bringen, auch den Mund zu halten.

Selig ist, wer sich verdrückt, wo es was zu lernen gibt ...

Der liebe Gott sieht und hört alles. Aber er petzt nicht!

Im Matheunterricht:
Ein Kreis ist ein Quadrat,
bei dem an allen Ecken und
Enden gespart wurde.

Aus dem Matheunterricht:
Wenn die Null besonders groß ist,
dann ist sie praktisch schon
eine kleine Eins.

Weiß jemand, warum wir
eigentlich Mathe haben?
Damit zwischen Kunst und
Musik keine Freistunde ist.

In jeder Mathearbeit kann ich mindestens drei Sachen gut:

Name

Klasse

Datum

Lieber zwei Jahre Ferien als überhaupt keine Schule.

Freiheit für die Lehrer – mehr Ferien!

Die drei wichtigsten Pflichten jedes Schülers:

1. Ruhe bewahren.
2. Niemals übernehmen.
3. Und immer rechtzeitig auf die Ferien vorbereiten.

Warum sind Schule und Klobrillen sich so ähnlich? Man macht dort einiges durch!

Flucht ist keine Lösung – Schule gibt's überall!

Schule ist, wenn man trotzdem ausschläft.

So ist Schule: Jeder macht, was er will. Keiner macht, was er soll, aber alle machen mit.

Wenn der Hahn kräht auf dem Mist, ändert sich das Wetter oder es bleibt, wie es ist.

Im Wald da rauscht der Wasserfall. Wenn's nicht mehr rauscht, ist 's Wasser all.

Bekommt die Kuh nur schlechtes Futter, gibt's Margarine, keine Butter.

Das größte Glück der Pferde sind Reiter auf der Erde.

Wenn die Kuh am Himmel schwirrt,
hat sich die Natur geirrt.

Wer Dienstag erst zur Schule rennt,
hat den Montag glatt verpennt.

Vorsatz für den Schulalltag:
Schwach anfangen und dann
im Verlauf des Vormittags
stark nachlassen.

Man soll den Tag nicht vor der
sechsten Stunde loben.

Wo dein Klassenlehrer
hinlächelt, da wächst
kein Spaß mehr.

Lehrer, seid nett zu euren Schülern.
Sie zahlen eure Rente.

Auf diese Frage muss ich mit einem entschiedenen Vielleicht antworten!

Keine Angst vor Schulbüchern.
Ungelesen sind sie wirklich harmlos!

Die Vorsilbe „Un" bedeutet immer etwas Schlechtes:

**Unordnung,
Unpünktlichkeit,
Unterricht.**

Kannst du das Haus

nicht mehr erspähen,

ist´s höchste Zeit zum

Rasenmähen.

Der Baum hat Äste,
das ist das Beste.
Denn wäre er kahl,
so wär's ein Pfahl.

Heute könnte ich
Bäume ausreißen.
Also kleine Bäume.
Oder Blumen.
Na gut, Gras.
Gras geht.

Fährst du rückwärts an
den Baum, verkleinert sich
der Kofferraum.

Ordnung ist ein Zeichen von Schwäche. Genies überblicken das Chaos.

Ordnung ist doch nur das Durcheinander, an das man sich schon gewöhnt hat.

Ordnung ist das halbe Leben. Ich lebe in der anderen Hälfte.

Jetzt kommt endlich Unordnung in das Chaos!

Die Abk. für Abk. ist Abk.

Lieber Weihnachtsmann!
Ich war das gaaaaanze Jahr
über sehr brav.
Na ja, zumindest die meiste Zeit.
Okay. Manchmal.
Na gut, ich kauf's mir selbst.

Wenn die Pflicht ruft,
ruf zurück!

Wenn du dich schwarzärgerst, weil dein Lehrer rotsieht, mach doch einfach blau.

Ich bin der Lieblingsschüler aller meiner Lehrer. Damit sie mich behalten können, haben sie mich zweimal wiederholen lassen.

Jeder Schüler darf hier frei seine Meinung äußern. Er darf nur nicht erwarten, dass das keine Folgen hat.

Wozu Tiere quälen?
Es gibt doch Schüler!

Wer anderen seinen Kuli leiht,
vermisst ihn dann für lange Zeit.

Die Weisheit verfolgt mich.
Aber ich bin schneller!

Wenn alles schweigt
und einer lacht,
hat der Lehrer einen
Witz gemacht.

Die Klassenarbeit ist versaut,
wenn einer dir den Spicker klaut ...

Schule ist die Leere fürs Leben.

Englisch 6.
Egal – dabei sein ist alles.

Lieber eine 5 in Deutsch als gar keine persönliche Note.

Vier ist bestanden.
Bestanden ist gut.
Gut ist fast eine Eins.

Lieber ein Blatt vor dem Mund
als ein Brett vorm Kopf.

Was ein Vakuum ist?
Ich hab's im Kopf, aber ich
komm grad nicht drauf ...

Mir will einfach nicht in den
Kopf, dass mir so gar nichts
in den Kopf geht.

Lieber natürliche Dummheit
als künstliche Intelligenz.

Wusstest du schon, dass der Wintereinbruch nicht strafbar ist?

Wusstest du schon, dass Hausärzte keine Häuser gesund machen.

Wusstest du schon, dass alle Chirurgen Aufschneider sind?

Wusstest du schon, dass man auf älteren Fotos immer jünger aussieht.

Je mehr du lernst, umso mehr weißt du. Je mehr du weißt, umso mehr vergisst du. Je mehr du vergisst, umso weniger weißt du. Wieso lernst du noch?

Wissensdurst ist die flüssige Form von Bildungshunger.

Wissen ist Macht.
Nichtwissen macht auch nichts.

Woher soll ich wissen, was ich denke, bevor ich gehört habe, was ich sage.

Ich bin schön, gebildet, intelligent und unglaublich musikalisch. Aber das Beste an mir ist meine Bescheidenheit.

Jedem das Seine und mir das meiste.

Früher war ich eitel – heute weiß ich, dass ich schön bin.

Wie viel schöner wär das Leben, würd es keinen Montag geben.

Das Schönste an mir, bin ich.

Entschuldige bitte, dass ich zu spät bin. Die Straße war heute irgendwie länger.

Tut mir leid, dass ich zu spät bin. Die Straßenbahn hatte einen Platten.

Ich hab von einem Fußballspiel geträumt, und als ich aufstehen wollte, ging das Spiel in die Verlängerung.

Entschuldigen Sie die Verspätung. Der Straßenbahnfahrer hat sich verfahren.

Warum soll ich mein Zimmer aufräumen, während die Welt im Chaos versinkt.

Ich bin gar nicht faul. Ich arbeite nur so schnell, dass ich immer schon fertig bin.

Warum in meinem Zimmer alles auf dem Boden liegt? Tja, ich würde mal sagen: Schwerkraft.

Bei mir herrscht Ordnung: Ein Griff, und die Sucherei beginnt.

Ich mache sehr gern Sport. Deshalb auch so selten. Soll ja schließlich was Besonderes bleiben.

Kennst du das, wenn man am Tag mehr geschafft hat, als man sich vorgenommen hatte? Äh. Ich auch nicht.

Geld allein macht nicht glücklich. Es gibt so viele andere schöne Sachen: Schmuck, Autos, Kleider, Reisen ...

Lieber Schweißperlen
als gar keinen Schmuck.

Montagmorgen 8.05 Uhr.
Die Woche nimmt einfach kein Ende.

Irgendwann musste der Tag ja kommen. Was ist denn passiert, um Himmels willen? Montag!

Ich gebe in der Schule immer 100 %:

Montag 15 %, Dienstag 31 %, Mittwoch 18 %, Donnerstag 22 %, Freitag 14 %.

Durch Fehler wird man klug. Drum ist einer nicht genug!

Wir lernen fürs Leben. Und wer lernt für uns?

Manche lernen es nie. Einige noch später.

Also, wenn du mal Probleme brauchst, ich bin immer für dich da.

MÖÖP
MÖÖP
BEI DEINEM HEILIGENSCHEIN
BLINKT SCHON WIEDER
DIE INSPEKTIONSLAMPE!

Als Gott die Gehirnzellen verteilt hat, warst du wohl gerade auf dem Klo.

Manchmal lernt man Menschen wie dich kennen, bei denen man sich fragt, wo sie bisher waren. Und warum sie da nicht geblieben sind ...

Wenn Dummheit Rad fahren könnte, müsstest du bergauf bremsen.

In mir schlummert ein Genie.
Aber irgendwie will das Miststück nicht aufwachen.

Goethe ist tot, Einstein ist tot und mir ist auch schon ganz schlecht.

Früher war ich unentschlossen.
Heute bin ich mir da nicht mehr so sicher ...

Ich hab gerade Zeit.
Wo gibt es nichts zu tun?

Ich verspreche nichts.
Aber das halte ich auch!

Ich weiß nichts, aber auch das ist nicht sicher.

Ich weiß nichts, das aber auf jeden Fall besser als du!

Geh barfuß, dann kann man dir nichts in die Schuhe schieben.

Lieber ein Loch in der Hose
als ein Gewitter im Anzug.

Zurück zur Natur!
Aber um Himmels willen
nicht zu Fuß!

Was ist das Herzblut der Lehrer?
Rote Tinte.

Lieber eine Fliege im
Porzellanladen als einen
Elefanten in der Suppe.

quuaaak
QUAKOMETER
Je grüner der Frosch,
desto Quak.

Was ist die Steigerung von leer? Lehrer.

Lehrer sind wie Diamanten. Man muss sie mit Fassung tragen.

Unfassbar: Wir machen hier die ganze Arbeit und die Lehrer kriegen das Geld dafür!

Die meisten Schwimmlehrer haben eine chlorreiche Vergangenheit.

Alle reden von Schule,
aber keiner tut was dagegen!

In der Schule lernst du nichts –
das aber fürs ganze Leben.

Dein Gehirn ist das Organ,
das anfängt zu arbeiten, sobald du
morgens aufwachst, und damit aufhört,
sobald du die Schule betrittst.

Schule ist nicht nur kostenlos,
sondern meistens auch noch
völlig umsonst.

Warum können Jungs nicht intelligent und gut aussehend sein? Weil sie dann Mädchen wären.

Mädchen lieben einfache Dinge. Wie zum Beispiel Jungs.

Mädchen haben nur deswegen immer das letzte Wort, weil Jungs nichts mehr einfällt.

Jungs sind wie Milch.

Wenn man sie stehen lässt, werden sie sauer.

Tut mir leid, aus Gründen der nationalen Sicherheit darf ich mein Heft leider nicht freigeben.

Bei mir ist eine krasse Tintenallergie festgestellt worden!

Ich bin über Nacht zum Star geworden, und mit den vielen Fans heute Morgen vor meiner Haustür konnte wirklich keiner rechnen.

Hast du denn keinen Wecker? Doch schon, aber als der geklingelt hat, hab ich noch geschlafen.

Stimmt gar nicht, dass ich das Wochenende nur auf der Couch verbracht habe. Am Sonntag habe ich auf den Sessel gewechselt.

Morgens bin ich immer eine Mischung aus Schlaf und wach, also schwach.

Hast du nicht den Beipackzettel gelesen? Hausaufgaben gefährden meine Gesundheit.

Lieber jemanden auf die Palme bringen als selbst runterfallen.

Wenn dir der Erfolg zu Kopf gestiegen ist, muss da vorher ja schon ein gewisser Hohlraum gewesen sein.

Ich bin sehr vielseitig ungebildet.

Hoch lebe die Arbeit. Hoch, hoch, hoch – so hoch, dass keiner mehr drankommt!

SONST FÄLLT NOCH DAS KRÖNCHEN RUNTER!

Ich habe versucht, ohne Schokolade zu leben. Das waren die schlimmsten 10 Minuten meines Lebens.

Habe gestern lange nach dem Sinn des Lebens gesucht und in der Küche Schokolade gefunden. Ich hatte mir das irgendwie spektakulärer vorgestellt.

Esst mehr Schokolade: Sie ist Gemüse für die Seele!

Habe meine Ernährung seit gestern umgestellt. Chips und Schokolade stehen jetzt links vom Computer.

Ich bin nicht gestört,
ich bin eine Limited Edition.

Ich hab keine Macken.
Das sind Special Effects.

Ich bin nicht kompliziert.
Ich bin eine Herausforderung.

Mein Kissen ruft, und ihr
habt mir doch beigebracht,
niemanden warten zu lassen.

Je nuller die Uhr,
desto mitter die Nacht.

Nachts ist es kälter als draußen.

Jeder Hippi muss mal Pippi.

Wer das liest, kann lesen.

Je tiefer das Loch, desto plumps.

Wer Rechtschreibfehler findet, darf sie behalten.

So manche Hausaufgabe muss man zigmal verschieben, bevor man sie endlich vergisst.

Im Falle eines Falles ist Spicken wirklich alles.

Ich schreibe nicht ab. Ich muss nur kontrollieren, ob mein Sitznachbar das korrekte Ergebnis rausgekriegt hat.

Notwehr ist, wenn ich
gezwungen bin, mein Zeugnis selbst
zu unterschreiben.

Wer nichts lernt,
kann nichts vergessen.

Jetzt konzentrieren Sie sich mal.
Die Frage haben Sie mir doch
eben schon mal gestellt.

Ich rede so lange,
bis mir was einfällt.

Wenn ich aussehen würde wie du,
würde ich meine Eltern anzeigen.

Es gibt so viele Gründe,
mit dir befreundet zu sein.
Zum Beispiel wirkt man neben dir
so unglaublich sympathisch.

Dein Gehirn ist wie das
olympische Feuer: Alle vier Jahre
leuchtet es auf!

Geh mal in dich – und bleib
dann bitte dort!

Wenn dein Gesicht auf
einer Briefmarke drauf wäre,
würde die Post pleitegehen.

Man lernt nie. Aus.

Was haben Lehrer und Pilze gemeinsam? Von beiden gibt es viele ungenießbare Sorten.

Lehrer sind wie Mineralwasser: viel Aufbrausen, wenig Geschmack.

Der Schüler: das unbekannte Wesen. Der Lehrer: das bekannte Unwesen.

Ich hab leider keine Lösung,
aber ich bewundere das Problem.

Lieber ein Fragezeichen als
gar keine Antwort.

Es genügt nicht, keine Gedanken zu
haben, man muss auch unfähig sein,
sie auszudrücken.

Wer montagmorgens zerknittert
in die Schule kommt, hat viele
Entfaltungsmöglichkeiten.

Lieber heimlich schlau
als unheimlich doof.

Sei schlau, bleib dumm!

Im Herbst da fallen von
den Bäumen die Blätter,
Donnerwetter! Im Frühling
sind sie wieder dran,
guck mal an!

Auch Wolkenkratzer haben
mal im Keller angefangen.

**Eine Eselsbrücke ist
die Verbindung zwischen
zwei Gedächtnislücken.**

Wenn Doofheit klein machen würde,
könntest du unterm Teppich
Fallschirm springen.

Du kannst gehen.
Mein Bedarf an Dummheit
ist für heute gedeckt.

Ich sag mal nicht „Wie dumm
kann man überhaupt sein“,
sonst verstehst du das noch
als Ansporn …

Sei nicht traurig, Charakter
hat eben nicht jeder.

Entschuldige bitte, ich war so spät dran, da konnte ich mir nicht auch noch eine Ausrede einfallen lassen.

Irgendwo müssen Außerirdische gelandet sein und den Empfang meines Radioweckers gestört haben.

So was Blödes, ich hab gerade ein neues Heft angefangen und die Hausaufgaben waren im alten!

Hausaufgaben?
Welche Hausaufgaben? Wer sind Sie?
Was wollen Sie? Von was reden Sie denn da?

Morgens will ich ein Teppich sein – dann könnte ich liegen bleiben.

Morgens bin ich zu allem bereit, aber leider zu nichts zu gebrauchen.

Wie, ich sag nichts? Ich spreche fließend Morgenmufflerisch.

Mein Bett und ich, wir lieben uns. Nur der Wecker will das einfach nicht akzeptieren.

Morgens wenn
der Wecker rasselt,
ist der ganze Tag
vermasselt.

Ach wie gut, dass unser Lehrer da ist – und nicht hier!

Alle beklagen sich über Lehrermangel. Nur bei uns fehlt heute mal wieder keiner.

Die Schule ist auch nicht mehr, was sie nie gewesen ist.

Lehrer sind unbestechlich. Die meisten nehmen nicht mal Vernunft an.

Auch Schlafen kann eine Form der Kritik sein – zum Beispiel in der Schule.

Welche Mangelerscheinung ist am leichtesten zu verkraften? Der Lehrermangel.

Man soll den Tag nicht vor dem Elternabend loben.

Lehrer: „Also heute kann bei mir jeder machen, was ich will."

Oh, da seh ich ein Fettnäpfchen.
Moment, ich nehme Anlauf!

Halt mal kurz die Welt an,
ich will aussteigen.

Ich hab endlich zu mir
selbst gefunden. Aber wo bin
ich jetzt, wo ich mich brauche?

Gehört dieser Tag einem
von euch? Meiner ist es
nämlich nicht.

Wenn dich dein Leben nervt,
streu Glitzer drüber.

Willst du dir den Tag versauen,
musst du in den Spiegel schauen.

Wer zuletzt lacht, hat den Witz nicht verstanden.

Was du heute kannst besorgen, verschiebe lieber gleich auf morgen.

Jeder ist seines Glückes Störenfried.

Viele Leute kaufen sich von Geld, das sie nicht haben, Dinge, die sie nicht brauchen, um Leuten zu imponieren, die sie nicht sympathisch finden.

Kann ich mein Leben mal kurz abspeichern und was ausprobieren?

Besucher machen immer Freude. Entweder beim Kommen oder beim Gehen.

Und wie ich so schaue und schaue, merke ich auf einmal, dass ich die Augen zuhabe.

Büffel ja,

Büffeln nein!

Ach, Schule nennt ihr das.
Bei uns in Mexiko heißt das Siesta.

Wir arbeiten bei der Gruppenarbeit Hand in Hand: Was die eine nicht schafft, lässt die andere liegen.

Wenn mich wirklich einmal der Arbeitseifer überfällt, dann setze ich mich ganz still aufs Sofa und warte, bis der Anfall vorüber ist.

Nicht der Unterricht macht müde, sondern die Pausen.

Alle Menschen sind gleich –
mir jedenfalls.

Was keiner kann,
das kann ich auch!

Dummheit ist eine
natürliche Begabung.

Herr, gib mir Geduld,
aber zack, zack!

Wenn die Klügeren immer nachgeben, geschieht das, was die Dummen wollen.

Weil die Klügeren nachgeben, regieren die Dummen die Welt.

Wenn der Klügere immer nachgibt, ist er bald der Dumme.

Der Klügere gibt vor nachzugeben.

Nieder mit dem Winterschlaf.
Es lebe die Frühjahrsmüdigkeit.

Umwege erweitern die Ortskenntnis.

Nieder mit der Schwerkraft – es lebe der Leichtsinn!

Lieber einer für alle als alles im Eimer.

Wir sind zwar zu allem bereit, aber zu nichts zu gebrauchen.

Ich hab für jedes Problem eine Lösung. Aber irgendwie passen die Lösungen nie zu meinen Problemen.

Als ich das letzte Mal in mich gegangen bin, habe ich da niemanden angetroffen.

Nasebohren ist bei manchen Leuten das einzige Zeichen von Insichgehen.

Deine Probleme von eben sind überhaupt nichts gegen deine Probleme von gleich!

Das einzige Problem beim Nichtstun ist, dass man nie genau weiß, wann man fertig ist.

Kochen? Kein Problem. Kann ich. Muss nur noch kurz rauskriegen, was Nudelwasser ist und wo ich es am billigsten kaufen kann.

Die meisten Probleme lösen sich von selbst. Man darf sie nur nicht dabei stören.

Gott schuf Himmel und Erde – und der Mensch die Probleme.

Du siehst so aus,
wie ich mich fühle!

Du bist echt ein Mann
wie ein Baum, Bonsai!

Hey, kleiner Tipp von mir speziell für dich. Wenn dir noch mal was auf Anhieb gelingt, lass dir deine Verblüffung nicht so deutlich anmerken.

Wer dich zum Freund hat,
braucht keine Feinde mehr.

Für deine spitze Zunge
solltest du mal
einen Waffenschein
beantragen.

Warum ich die Hausaufgaben nicht gemacht habe? Also, meine drei Wünsche an die Fee, die gestern Abend an meinem Bett stand, lauteten: immer gute Noten, nie mehr Hausaufgaben machen und verständnisvolle Lehrer.

Arbeiten tut selten gut.

Ich wär gern mal abends so müde wie morgens.

Was soll ich schon von
einem Tag erwarten,
der schon morgens mit
dem Aufstehen anfängt?

Der Schulalltag beginnt um sieben,
außer du bist im Bett geblieben.

Dem Schülerstress kannst
du entgehen, vermeidest du
es aufzustehen.

Das sind keine Augenringe.
Das sind Schatten
großer Taten!

Ich steh das ganze Jahr
über wirklich gerne auf,
nur morgens nicht.

Todesanzeige:
Ich muss Abschied nehmen von
meinem geliebten Wecker:
Er starb heute im Alter von 6.30 Uhr an
einem schrecklichen Wandunfall.

Wenn allzu früh der Morgen graut,
ist der ganze Tag versaut.

Was ist das bloß für ein Land,
in dem es morgens schon hell wird?

Komm gerne noch mal bei mir vorbei, wenn du nicht so viel Zeit hast …

Warum sachlich, wenn es auch persönlich geht.

Wenn du gerade nichts zu tun hast, tu es bitte woanders!

Viele können denken, aber den meisten bleibt es erspart.

Geizhälse sind keine angenehmen Zeitgenossen, aber großartige Vorfahren.

Pünktlichkeit ist die Fähigkeit, richtig abzuschätzen, um wie viel sich der andere verspäten wird.

Bibel: Wir sollen sechs Tage arbeiten, am siebten Tag ruhen. Bisher konnte mir niemand zeigen, wo steht, dass es am achten Tag wieder losgehen soll mit der Arbeit.

Hotdogs
beißen nicht.
Total lieb!

Auch ein Sonnenbrand hat
seine Schattenseiten.

Lieber eingecremt
als angeschmiert.

Spontane Aktionen wollen gut
überlegt sein.

Sonntags bin ich
ein Mofa:
halb Mensch,
halb Sofa.

Mein Portemonnaie ist leer.
Hiermit erkläre ich den Monat
für beendet.

Letztes Jahr habe ich eine Weltreise gemacht, deshalb fahre ich dieses Jahr mal woanders hin.

Das Sofa bewegt sich nicht.
Der Fernseher bewegt sich nicht.
Der Kühlschrank auch nicht.
Was soll ich machen?
Gruppenzwang!

Wenn du das Licht ganz schnell ausschaltest, kannst du kurz sehen, wie die Dunkelheit aussieht.

Ob Sonnenschein,
ob Sternenfunkel,
im Tunnel ist es
immer dunkel.

Lass dich bloß nicht hinters Licht führen. Da ist es nämlich dunkel!

Wozu sind eigentlich Schienbeine gut? Dazu, im Dunkeln Möbel zu finden!

Als Gott den Mann schuf, hat sie die Betaversion ausgeliefert.

Am lustigsten ist es immer, wenn sich ein Junge etwas in den Kopf gesetzt hat, den er gar nicht hat …

Irren ist männlich.

Brave Mädchen kommen in den Himmel, böse Mädchen überall hin.

Du musst viele

Frösche küssen,

bevor ein **Prinz** dabei ist.

Ich hab zwar keine Ahnung,
davon aber jede Menge.

Mein Gewissen ist rein.
Ich hab es noch nie benutzt.

Mein Geheimnis:
Ich bin ein Genie und
weiß es als Einziger!

Ich denke,
also spinn ich.

Lieber fettige Haare als einen schleimigen Charakter.

Lieber Lügen als kurze Beine.

Lieber ein schlechter Gewinner als ein guter Verlierer.

Lieber Glück im Unglück als Pech in der Strähne.

Ich summe, also bien ich.
summ
summ
summ

Ich bin so stolz auf mich. Eine Dreiviertelstunde auf dem Laufband. Morgen probier ich es dann mal mit Einschalten.

Ich bin tief gerührt, sprach der Teig.

Und dann war da noch der peinliche Moment, als ich diese wundervolle Person umarmen wollte und volle Kanne gegen den Spiegel geknallt bin.

Pessimisten sind Optimisten
mit viel Erfahrung.

Optimisten sind einfach nur
schlecht informiert.

Es ist ganz einfach.
Entscheide dich im
Zweifelsfall einfach
für das Richtige.

Pubertät ist,
wenn die Eltern anfangen,
schwierig zu werden.

Gute Mütter lassen ihr Kind an den Rührstäben vom Mixer Kuchenteig schlecken. Besonders fantastische Mütter schalten das Gerät vorher aus.

Ein Freund ist einer, der dich mag, obwohl er dich kennt.

Der Tag würde so viel mehr Spaß machen, wenn er nur ein winziges bisschen später anfangen würde.

Die Schuppe fällt nicht weit vom Kamm.

Objektiv ist einer, der nicht verrät, zu wem er hält.

Mein Zahnarzt leidet unter bohrender Langeweile.

Dampf ist Wasser, das sich vor lauter Hitze aus dem Staub gemacht hat...

Auch Luftballons
haben mal Platzangst.

Das Leben ist wie eine Achterbahn. Mal wird dir schlecht, mal willst du noch mal fahrn.

Das Leben ist einfach viel zu kurz, um ein langes Gesicht zu ziehen.

Das Leben ist wie eine Pralinenschachtel. Du weißt nie genau, was drin ist.

Leben ist das, was passiert, wenn man gerade ganz andere Pläne hat.

Meine gute Laune geht gerade meine Motivation suchen. Mist ... jetzt sind sie beide weg.

Ich bekomme jeden Monat Taschengeld. 15 Euro. Aber irgendwie kommt das Geld nicht mit mir aus.

Ich spare jetzt an meiner zweiten Million. Die erste hat irgendwie nicht geklappt.

Piloten vergeht die Zeit wie im Fluge.

Arbeit ist süß – aber sauer macht lustig!

Liegen haben kurze Beine.

Wer anderen eine Grube gräbt, hat ein Bauunternehmen.

Keine Party ist auch keine Lösung!

Hauptsache, es geht vorwärts.
Die Richtung ist egal!

Letztes Jahr standen wir noch am Abgrund. Dieses Jahr sind wir einen großen Schritt weiter.

Erfahrung ist eine tolle Sache. Der einzige Haken: Man macht sie meistens erst kurz nachdem man sie braucht.

Die Zukunft ist auch nicht mehr das, was sie mal war.

Was du heute kannst besorgen, brauchst du morgen nicht zu borgen …

Teamwork ist, wenn alle das Gleiche wollen wie ich.

Denke, und du wirst sehen: Es lohnt sich überhaupt nicht.

hihihi
Das Lebensmotto aller Läuse:
Köpfchen
muss man haben.

Ich weiß, dass ich nichts weiß. Damit weiß ich aber schon mehr als die anderen. Die wissen nämlich nicht, dass sie nichts wissen.

Das war kindisch und unreif. Ich weiß, ich fand's auch toll!

Es kommt nicht darauf an, was man weiß, sondern was einem im richtigen Moment einfällt.

Endlich keine finanziellen Sorgen mehr – bin pleite.

Das Einzige, was Reiche nicht haben, ist kein Geld.

Schade, dass am Ende des Taschengelds noch immer so viel Monat übrig ist.

Geld allein macht nicht glücklich – aber es beruhigt doch ungemein!

Sportler leben zwar statistisch gesehen nicht länger, aber sie sterben gesünder!

Ich geh auf keinen Fall ins Fitnessstudio. Sonst glauben meine Freunde hinterher noch, ich könnte ihnen beim Umzug helfen.

Lieber reich und gesund als arm und krank.

Wer Umweltprobleme nicht ernst nimmt, ist selbst eins.

Heute ist der erste Tag vom
Rest deines Lebens!

Lieber 5 Minuten feige
als ein Leben lang tot.

Wer früher stirbt,
ist länger tot.

Man muss nicht verrückt sein,
um zu überleben,
aber es hilft ungemein.

Das Leben ist kurz.

Deshalb iss den Nachtisch zuerst.

Wenn du was verstanden hast, ist es garantiert veraltet.

Tut mir leid, dass ich zu spät bin. Bin in unseren Kaktus gefallen und musste mich noch rasieren.

Nein, du bist nicht unnütz! Du kannst immer noch als schlechtes Beispiel dienen.

Ja, stimmt, ich hab die Hausaufgaben nicht gemacht. Aber Sie wollen mich nicht ernsthaft für etwas bestrafen, was ich gar nicht gemacht habe, oder?

Wenn du mir das Wasser reichen willst, musst du schon Kellner werden!

Ich weiß, auch andere Leute machen Fehler, aber du hast darin einfach die meiste Erfahrung!

Nicht jeder,
der aus dem Rahmen fällt,
war vorher im Bilde.

Bildung ist zu wissen, wo es steht.

Ich hab 'nen Tinnitus im Auge, ich sehe nur Pfeifen.

Falls du mich suchst, ich bin am Ende!

Es ist ein verdammt hartes Los, eine Niete zu sein.

Bitte, liebe Fantasie,
komm zurück,
die Realität war so
gemein zu mir!

Keiner mag mich.
Aber ich kann Keiner nicht leiden.

Der Tod ist ein
bleibender Schaden.

Du hast keine Chance,
also nutze sie.

Lieber ein Haar im Essen
als Essen in den Haaren.

Lieber Wurstfinger
als Knoblauchzehen.

Du hast die Suppe der
Wahrheit wohl mit der
Gabel gegessen!

Ich bin nicht übergewichtig.
Ich bin untergroß.

Ich halte von der Arbeit immer genau so viel Abstand, dass andere noch bequem dazwischenpassen …

Wer die Arbeit kennt und sich nicht drückt, der ist verrückt.

Die größte Leistung der Römer war zweifellos, dass sie fließend Latein gesprochen haben.

Liegt ein Auge
auf dem Tresen,
ist ein
Zombie
da gewesen.

Warum man keinen Fehler zweimal machen sollte? Die Auswahl ist doch groß genug ...

Rechtschreibung bereitet den meisten ihr Leben lang Schwierigkeiten – es sei denn, sie sind Analphabeten.

Lachen ist gesünder als joggen, haben Wissenschaftler herausgefunden. Lass uns in den Park gehen und Jogger auslachen!

Hast du Zahnpasta im Ohr,
kommt dir alles leiser vor!

Wenn es Weihnacht' stürmt
und schneit, ist Silvester nicht
mehr weit.

Müde und satt,
wie schön is dat!

Nicht alles, was hinkt,
ist ein Vergleich.

Immer nur zu Hause hocken macht langsam Schimmel an den Socken.

Wusstest du, dass die gleichen Leute wählen gehen dürfen, für die auf der Tiefkühlpizza-Packung steht: Folie vor dem Verzehr entfernen.

Wozu brauchte man eigentlich Chips, als der Fernseher noch nicht erfunden war?

Der Stress von heute ist die gute alte Zeit von übermorgen.

Mit leerem Hirn spricht man nicht!

Alle wollen nur dein Bestes. Lass es dir bloß nicht nehmen.

Was nützt dir eigentlich dein Sixpack, wo du doch nur bis drei zählen kannst?

Lehrer sind wie Wolken. Wenn sie sich verziehen, kann der Tag doch noch schön werden.

Morgenstund riecht aus dem Mund.

Wer Parkettböden richtig verlegt, der findet sie auch wieder.

So richtig faul bist du, wenn du mit der Orangensaftflasche, die du vor dem Öffnen schütteln musst, in der Hand auf das nächste Erdbeben wartest.

Wenn es nicht die letzte Minute gäbe, würde nie irgendetwas erledigt.

Planung ist der Ersatz
des Zufalls
durch den Irrtum.

Es sind irgendwie immer die Schüler, die in der Tinte sitzen.

Beim Fußball bin ich Stürmer, in Mathe meistens in der Abwehr.

Das Schönste an der Ferienzeit? Das Meer ist nah, die Schule weit.

Sitzt der Lehrer in der Wanne, haut er keinen in die Pfanne.

Grabsteininschrift:
Guck nicht so blöd, ich läge jetzt auch lieber am Strand.

Der Klügere zählt nach.

Waschen allein genügt nicht. Man muss auch hin und wieder das Wasser wechseln.

Ergebt euch, ich bin in der Überzahl!

Nur die Harten komm' in' Garten.

Was ist der Unterschied zwischen Bäumen und Menschen? Bäume sind auch in Massen noch schön.

Ich geh kaputt. Gehst du mit?

Freiheit für alle Hunde –
nieder mit den
Pudelmützenträgern!

Es ist statistisch erwiesen, dass 11 von 9 Leuten mit Mathe total überfordert sind.

Wie lange eine Minute dauert, hängt davon ab, auf welcher Seite der Toilettentür man sich befindet.

Der Kreis heißt Kreis, weil er um die Ecken einen Bogen macht.

Chillen ist die Kunst, sich beim Nichtstun nicht zu langweilen.

Schule macht Spaß, aber ich bin ja nicht so der witzige Typ!

Gut Ding braucht lange Weile.

Arbeitswut tut selten gut.

Es gibt Menschen, die so geizig sind, dass sie nur auf Kosten anderer lachen.

Macht die Niete plötzlich peng, waren wohl die Jeans zu eng.

Anteilnahme bekommst du umsonst. Neid und Missgunst musst du dir hart verdienen.

So alt, wie du aussiehst, kannst du gar nicht werden!

Brillenträger sind Menschen,
bei denen die Neugier
über die Eitelkeit gesiegt hat.

Was man nicht kapiert, verlernt man nie!

Mein Klassenlehrer hat eine Meise.
Er glaubt, ein Star zu sein.

Lieber Urlaub im Regen als Schule im Sonnenschein.

Also wirklich jedes Mal, wenn unser Lehrer den Mund aufmacht, fängt irgend so ein Idiot im Klassenraum an zu reden.

Vorsicht ist besser als Nachtschicht.

Abschreiben oder abschreiben lassen, das ist hier die Frage.

Wer sagt, man soll sich nicht über Kleinigkeiten aufregen, hat noch nie eine Mücke im Zimmer gehabt.

Kleine Bosheiten erhalten die Feindschaft.

Alle Menschen kommen unfertig auf die Welt und werden dann fertiggemacht.

Wenn sich zwei streiten, freut sich der Anwalt.

Mir soll's egal sein. Ist es mir zwar nicht. Aber egal.

Geduld?
Als ob ich Zeit hätte für
so einen Scheiß!

Je tiefer der See, desto stiller der
Nichtschwimmer.

Der Dativ ist dem
Genitiv sein Tod.

Man soll doch immer die Ursache
von Missständen bekämpfen.
Und da die Hauptursache aller
schlechten Noten nun mal die
Schule ist …

Herr, lass Hirn vom Himmel regnen!

Es gilt ab heute ein neues Tempolimit. Maximal 10 Papiertaschentücher pro Person am Tag.

Warum einfach, wenn's auch umständlich geht?

Lieber neureich als nie reich.

Wenn ich du wär,
wär ich lieber ich.

Wenn du 2 Kilo abnehmen willst, dann putz dir mal die Zähne!

Dein Gedächtnis ist wie eine Schublade, die immer klemmt.

Ich hoffe, dass dich die Dummheit nie verlässt. Sonst stehst du ganz alleine da.

Wer anderen in der Nase bohrt, hat selbst nichts drin.

Wer zu allem seinen Senf dazugibt, kann in den Verdacht geraten, ein Würstchenverkäufer zu sein.

„Abraham“, sprach Bebraham, „kann ich mal dein Cebra ham?“

Wer wirklich alt werden will, sollte früh damit anfangen.

Der Bus war heute Morgen zu voll. Hab keinen Sitzplatz gekriegt und konnte die Hausaufgaben ehrlich nicht mehr abschreiben.

Was ist morgen? Der Tag, an dem die Faulen am meisten zu tun haben.

Der frühe Vogel
fängt den Wurm!

Fußball ist heutzutage so brutal. Das fängt schon bei den Eintrittspreisen an.

Das Gehirn ist das Organ, mit dem wir denken, dass wir denken ...

Der liebe Gott sieht alles – die Nachbarn noch viel mehr.

Drei Spiegel im Zimmer,
aber keiner funktioniert.

Wer zuletzt lacht,
stirbt fröhlich.

Besser Video als
gar kein Deo.

Geht die Sonne auf im Westen,
musst du mal deinen
Kompass testen.

Ein Schweißfuß kommt selten allein.

Wechselt dein Lehrer nach Ostern die Socken, wird der Frühling sonnig und trocken.

Wie man sich fettet, so riecht man.

Semmelbrösel in den Socken halten den schlimmsten Schweißfuß trocken.

Die Lage war noch nie so ernst wie immer.

Ich bin nicht unnütz, ich kann immer noch als schlechtes Beispiel für andere dienen.

Das Einzige, was mich hier noch hält, ist die Erdanziehungskraft.

Mein Deutschlehrer
beherrscht wirklich
das gesamte Wissen seines
Fachs von A bis B.

Wusstest du schon, dass
ein Auftragsgriller jedes
Würstchen fertigmacht.

Man sollte wirklich
aus den Fehlern der
anderen lernen.
Schließlich hat man
einfach nicht die Zeit,
sie alle selber
zu machen.

Man muss zwar nicht ausgesprochen dumm sein,
aber es erleichtert das
Leben ungemein.

Noch mehr zum ABLACHEN

ein dickes Witzebuch
BN 978-3-8458-0731-7

Mein super Witzebuch
ISBN 978-3-8458-1367-7

Superwitzige Scherzfragen
ISBN 978-3-8458-1328-8

MIX
Papier aus verantwortungsvollen Quellen
FSC® C107574
www.fsc.org

Text: Ute Löwenberg
Illustrationen: Ilka Röhling

ISBN 978-3-8458-2563-2

www.arsedition.de